DÉNONCIATION

CONTRE LA SOCIÉTÉ

DES BONNES ÉTUDES.

DÉNONCIATION

CONTRE LA SOCIÉTÉ

DES BONNES ÉTUDES

COMME AFFILIATION JÉSUITIQUE,

PAR S. DUCHATEAU,

EX-MEMBRE DE LA SOCIÉTÉ.

POUR SERVIR D'APPENDICE A LA DÉNONCIATION

DE M. LE COMTE DE MONTLOSIER.

PARIS,

PONTHIEU, LIBRAIRE,

AU PALAIS-ROYAL,

ET CHEZ TOUS LES MARCHANDS DE NOUVEAUTÉS.

1826.

PARIS, IMPRIMERIE DE GAULTIER-LAGUIONIE, HÔTEL DES FERMES.

LETTRE

ADRESSÉE A L'AUTEUR PAR MONSIEUR LE COMTE DE MONTLOSIER.

MONSIEUR,

J'ai lu avec attention votre écrit intitulé : *Dénonciation contre la Société des Bonnes Études.* Je n'ai personnellement aucune notion positive sur cet établissement ; mais d'après ce que vous en dites, j'en augure fort mal ou fort peu... Je vous remercie, Monsieur, du sentiment de bonté qui vous a fait vous adresser à moi... Daignez agréer, avec mes remerciements, l'assurance de ma parfaite considération.

LE COMTE DE MONTLOSIER.

Paris ce 2 août 1826.

En recherchant soigneusement votre écrit, il y a quelques nuances que je ne pourrais concilier avec mes opinions : mais en tout, il me paraît d'une bonne intention et pensé avec sagesse.

AVANT-PROPOS.

Le seul désir d'être utile a produit ce petit écrit. Introduit dans la société des Bonnes-Études, j'ai vu tout ce que je rapporte. L'esprit jésuitique qui anime cette affiliation, les principes serviles et ultramontains qu'elle professe, ont révolté mon cœur ami des principes constitutionnels et gallicans. J'ai vu le piége, et je m'en suis dégagé. J'ai imité le ministre des cultes (Sa Grandeur me pardonnera de mettre ma conduite en parallèle avec la sienne), qui rompit avec la congrégation dès que sa conscience et son indépendance furent compromises. Non content d'avoir échappé au danger, j'ai cru de mon devoir d'en préserver les autres, et d'éclairer les pères de famille sur le régime d'une société qui tâche d'attirer à elle les jeunes gens pour les transformer de citoyens en jésuites, semblable à Circé qui changeait les hommes en vils animaux.

Au reste, je gagne de primauté; je renonce formellement d'avance au titre d'associé, et n'attendrai pas qu'on me dise :

> ...Vetabo qui Cereris sacrum
> Vulgârit arcanæ, sub îsdem
> Sit trabibus .... (HORACE.)

Puisse mon exemple enhardir à une rupture ouverte tous ceux des affiliés qui détestent et méprisent, autant que je le fais, le joug qu'on leur impose !

S. DUCHATEAU,
ex-membre de la Société des Bonnes-Études

DÉNONCIATION

CONTRE LA SOCIÉTÉ

DES BONNES ÉTUDES.

C'est avec raison qu'indigné des complots des ligueurs modernes, M. de *Montlosier* a révélé cette immense conspiration contre la religion, le trône et la liberté, et traîné les conjurés aux pieds de la justice, qui semblait les dédaigner ou les épargner. En dévoilant leurs horribles trames à la France épouvantée, ses cris accusateurs les ont cités devant un tribunal prévoyant, composé de juges qui, sans doute, n'attendront pas que le monstre ait grandi pour arrêter ses ravages, qui ne craindront pas de le frapper, quelque puissant et redoutable qu'il soit. Tout ce que peut et doit faire un simple citoyen, le noble comte l'a fait : nouveau d'*Assas*, il s'est dévoué ; il a crié : « Aux armes ! voilà l'ennemi ! » et aussitôt il a senti les coups de l'ennemi. Noble dévouement ! coups glorieux ! Il a marché en avant ; je veux le suivre ; je veux me serrer contre lui ; et, fort d'un tel chef, protégé par son bouclier, lancer les premiers traits de ma faible main dans les rangs que sa voix terrible a remplis d'effroi. Sa vue, plongeant de la hauteur du génie, embrasse la vaste étendue du camp ennemi : je n'ai vu qu'un seul corps d'armée dont je vais faire connaître la position. Il signale, à grands traits, la naissance et l'agrandissement toujours croissant de cette corporation menaçante, qui fait un état dans l'état. Je m'arrêterai sur un point qui n'a pas retardé sa marche rapide et fière. Et comme dans tout procès criminel l'acte d'accusation, en dénonçant l'ensemble du délit, renvoie pour les détails aux dépositions particulières des témoins, dans l'attentat le plus patent qui jamais ait mérité les poursuites de la justice, je viens déposer, en qualité de témoin, sur les circonstances parvenues à ma connaissance ; et sans crainte comme sans animosité, je dirai toute la vérité, rien que la vérité.

SOCIÉTÉ DES BONNES ÉTUDES.

Je dénonce *la Société des Bonnes Études*, affiliation directe de la Congrégation, rameau de l'arbre de mort implanté sur le sol de la patrie. Elle a pris pour devise : « *Dieu et le* « *roi.* » Mais, depuis la publication du *Mémoire à consulter*, personne n'ignore dans quel sens ces deux mots sacrés sont interprétés par les confédérés. On sait qu'ils professent la doctrine de la suprématie des papes sur les rois, et du pouvoir absolu des rois sur les peuples. On reconnaît leur esprit dans l'organisation de la *Société* dont le but prétendu est d'élever la jeunesse dans les principes de la religion et de la monarchie, et qui adopte cette sentence du *Diario di Roma*, que la religion gallicane est une hérésie, et la monarchie constitutionnelle une anarchie. Cette fraction de la secte, obéissant à la même impulsion, marche par le même chemin vers le centre commun. Seulement, les effets sont réels d'un côté, tandis que de l'autre ils ne sont qu'en espérance. La Congrégation recueille déjà les fruits des funestes semences qu'elle a jetées dans la France, lorsque la *Société* ne cultive que de jeunes plantes encore infructueuses. Ces invisibles tyrans, non contents de faire peser leur sceptre sur la génération mûre, épient la génération naissante, et l'attirent dans le piége pour lui donner des fers. Ce monstre à plusieurs têtes, acharné sur le présent, se prépare à dévorer l'avenir. Heureux qui pourrait lui arracher sa proie! Puissé-je du moins faire comprendre aux parents et aux enfants combien les promesses de la ligue sont trompeuses, combien son amitié est perfide, et sa protection oppressive!

RECRUTEMENT.

Je parlerai d'abord du recrutement de la Sainte-Milice : car les moyens d'embauchage ne manquent pas à ces conspirateurs privilégiés, qui cherchent leurs affiliés jusque dans les colléges. Je connais quatre colléges royaux, ceux de Marseille, de Bordeaux, de Lyon et d'Angers, où les aumôniers font un choix parmi les élèves les plus pieux en apparence, et les réunissent en secret une fois par semaine pour remplir quelques actes de dévotion mystique. Il n'y a jusque-là que moitié mal : mais chacun des élus est chargé, en conscience, de surveiller la conduite d'un certain nombre d'élèves de sa division, et de leur rappeler leurs devoirs de chrétien ; il doit rendre compte, à chaque assemblée, des discours et des actions de ceux qu'il guide dans le chemin du salut. Ce vil espionnage est déguisé sous le nom de zèle pour la conversion des pécheurs ; et la confiance naïve de l'adolescence est sans cesse trahie par de lâches révélateurs, qui vendent, souvent en les empoisonnant, les innocents secrets de leurs amis. Les proviseurs et censeurs, qui trouvent dans cette police un moyen de suppléer à une surveillance presque toujours insuffisante, la favorisent volontiers et s'enrôlent même dans ses rangs. Je présume qu'il y a de pareils comités dans d'autres colléges royaux de la province ; mais je ne peux répondre que des quatre cités. Seulement je sais qu'on a destitué sans raison le vénérable abbé *Bouix*, aumônier du collége de Pau, qui avait refusé de se prêter à l'établissement du tribunal invisible.

J'ignore si, à Paris, les aumôniers ont été plus complaisants ; je soupçonne pourtant l'abbé *Salinis* d'avoir fondé une pareille inquisition dans le collége de Henri IV. Quoi qu'il en soit, quand ces affiliés ont fini leurs classes et viennent achever leurs études à Paris, ils font de droit partie de la *Société*. Primitivement même ils en ont formé le noyau avec les élèves des Pères de la Foi, qui envoient, non pas une fraction de sujets choisie et par là peu nombreuse, mais la presque totalité de leurs disciples; car de tels maîtres ne font que des disciples dignes d'eux.

On puise bien plus abondamment parmi ces flots de jeunes provinciaux qui se précipitent chaque année dans la capitale, pour étudier soit en droit, soit en médecine, ou pour se former aux usages du monde. Les évêques, informés par les curés du nom des jeunes gens qui se disposent à partir pour Paris, offrent ou font offrir aux familles leur recommandation auprès de personnes respectables. Quel père, en lançant un fils plein d'inexpérience sur ce vastre théâtre de corruption, n'aime à savoir que sa jeunesse trouvera un guide éclairé qui lui montrera les écueils des vices, et suppléera par ses conseils à la sollicitude paternelle? On exploite habilement ces craintes inquiètes, et presque tous les jeunes gens arrivent munis de lettres pour quelque co-associé, qui les adresse aux chefs et directeurs apparents des *Bonnes Études* (1). Ceux-ci les logent dans des hôtels ou maisons particulières placées sous leur influence (2). Ils leur vantent ensuite les avantages de la *Société*. Ceux qui prennent les choses à la lettre, et qui défèrent aux ordres de leurs parents, s'y laissent affilier. Le plus grand nombre se refuse aux suggestions. La moitié de ceux qui se laissent séduire ouvre bientôt les yeux, se lasse de cette discipline et déserte à l'ennemi. Cependant, malgré ses pertes, la *Société* compte toujours cinq ou six cents affiliés dont une partie se compose de politiques, et l'autre de niais; car il y a beaucoup d'imbéciles dans l'illustre compagnie; mais, selon la réplique d'un général des jésuites, les imbéciles servent à faire des saints.

---

(1) Trois avocats : *Pineau*, rue de Vaugirard; *Durand*, rue Saint-Benoît; *Deluhaye*, rue des Marais.

(2) Place de l'Estrapade, rue des Postes, rue Cassette, rue de Vaugirard.

GRADES DE L'ORDRE.

Après que la *Société* s'est ainsi recrutée, on choisit parmi les néophytes ceux que la nature a doués de talent au-dessus du commun. De tout temps la compagnie de Jésus a montré beaucoup de perspicacité à démêler et à s'attacher les sujets distingués. Son esprit de discernement n'est pas plus affaibli que son esprit de séduction. On circonvient par toutes sortes de prévenances ceux qu'on veut attirer ; on captive leur jeune amour-propre par des louanges délicates, auxquelles on mêle d'adroites peintures des places qui peuvent être le prix de leurs talents, si les bons principes en dirigent l'usage. Leur inexpérience, enivrée de l'encens de la flatterie et bercée des rêves de l'ambition, se livre en aveugle à des guides adroits, embrasse volontairement leurs desseins, et souvent même en devient, à son insu, le docile instrument. Ces élus forment un lien entre les simples affiliés et les supérieurs ; ils sont mis par ces derniers à la tête des conférences, en reçoivent le mot d'ordre et le transmettent à la foule. Ils sont enfin, sous la houlette du berger, les dogues attentifs à la garde du troupeau.

LOCAL.

Pénétrons enfin dans l'intérieur. La *Société* occupe dans la rue des Fossés-St.-Jacques, n° 11, un vaste local composé d'une salle pour la lecture des journaux ; d'une seconde salle angulaire, ayant vue sur un jardin, renfermant dans une aile la bibliothéque, et dans l'autre les tables de travail ; de plusieurs autres pièces servant aux diverses conférences ; enfin d'un immense amphithéâtre destiné aux assemblées du grand Sanhédrin, éclairé par deux lunettes vitrées, et surmonté d'une superbe voûte. On n'épargne pas la dépense pour chauffer et éclairer toutes ces pièces ; le portier, les bibliothécaires, les gardes, etc., composent un personnel presqu'aussi nombreux que celui d'une administration.

REVENUS.

Sans doute, les fonds employés à cet établissement auraient suffi à élever dix manufactures : mais on sait que la rosée du ciel fertilise la terre des justes, et que le dépôt de ses eaux bienfaisantes est sur le quai des Orfèvres. De plus, c'est sous la grande-maîtrise de M. *Corbière* que s'est fondée cette maison si utile à l'instruction publique, pour laquelle le bouquiniste breton a tant de zèle, ainsi que le témoignent et ces nombreuses écoles qu'il a ouvertes, et tous ces professeurs et ces illustres savants qu'il a présentés à la munificence royale. Il est à croire qu'attaché à la *Société*, comme on l'est toujours au souvenir d'une bonne action, il a prié son successeur d'avoir quelques soins pour cet enfant si digne de son père, et que celui-ci lui prodigue des bienfaits en secret: tant la modestie ajoute de charmes à la bienfaisance! Qu'il me pardonne pourtant de déchirer le voile qui le couvre, et de lui décerner une marque publique de la reconnaissance de tous les sociétaires. — Il est encore une autre branche de revenu: chaque année on lève par tête un impôt qui, comme tous les autres impôts, va toujours en augmentant; car de la somme de 20 fr., il s'est élevé à 35 fr., qui, multipliés par 500, minimum des affiliés, produisent 17,500 fr., produit qui, comme tous les autres produits, est plus qu'absorbé par les frais d'entretien et d'administration, et exige toujours des crédits supplémentaires. Dans ce siècle financier, on me pardonnera de m'être d'abord arrêté sur les finances.

ESPRIT DE LA SOCIÉTÉ.

La *Société* est née de la Congrégation; elle a le même esprit et les mêmes mots de ralliement: elle tend à pervertir la jeunesse, et à l'élever dans des principes contraires à ceux de la religion gallicane, telle que nous l'a léguée l'ancienne monarchie, ainsi qu'à ceux de la charte constitutionnelle, dont nous a dotés la monarchie nouvelle. Tout prouve ce dessein si digne de la rigueur des lois; tout, et la composition de la bibliothéque, et les journaux, et l'esprit qui préside aux conférences, et les exercices mêmes de la religion.

BIBLIOTHÉQUE.

Le génie de la Congrégation a présidé à la composition de la bibliothéque: tous les livres qui prêchent le despotisme religieux et le despotisme civil y sont soigneusement réunis, tandis que tous ceux qui professent les principes de la tolérance et de la liberté en sont bannis. Les œuvres de M. *de Maistre* se trouvent à côté des œuvres de M. *de Lamennais.* Les ouvrages de M. *Ferrand* occupent le même rayon que ceux de M. *de Bonald.* Les biographies des frères *Michaud* sont voisines du dictionnaire historique du jésuite *Feller*, et les histoires de M. *Lacretelle* se montrent auprès de celles de *Vély : à quibusdam disce omnes.* Enfin les apôtres de la théocratie et de l'absolutisme règnent sans contestation, ainsi que les organes de la calomnie ou de l'erreur. *Lamennais* exclut *Bossuet ; Bonald* bannit *Châteaubriand*, auteur de la Monarchie selon la charte ; *Michaud* et *Feller* chassent *Jouy*, *Jay*, *Arnault* et *Norvins. Lacretelle* ne craint pas *Thouret*, ni *Lebeau*, *Gibbon.* Les histoires de *Hume* ou de *Voltaire* n'y peuvent démentir personne ; et dans les collections de *mémoires*, ceux des ennemis de la ligue ou des partisans de la révolution ne figurent pas à côté de ceux des ligueurs, ou des amis de l'ancien régime. Je ne pousserai pas plus loin ce catalogue ; cette partialité en dit assez. — Guides perfides ! vous nourrissez ces jeunes esprits de doctrines empoisonnées, et vous écartez de vos victimes les préservatifs salutaires qui pourraient neutraliser ou adoucir du moins l'activité du venin dont vous les infectez !

JOURNAUX.

Le même système règne dans la salle des journaux. Le *Constitutionnel* et le *Courrier* ont perdu auprès de ce tribunal leur procès en tendance, et sont mis tous deux à un index perpétuel. Tous deux sont en effet impies et révolutionnaires, car ils veulent l'Évangile et la Charte sans commentaires, et en rejettent une édition revue et corrigée. Le *Journal des Débats* et *l'Aristarque*, quoiqu'ayant marché long-temps sous le drapeau légitime, ont été proscrits comme rénégats, depuis que le premier a osé douter des oracles du Vatican, et que le second s'est mis à faire de l'opposition contre le ministère. En revanche, on trouve sur les tables cinq ou six exemplaires du *Mémorial catholique*, et en même nombre la *Quotidienne*, la *Gazette*, *l'Étoile* et *tutti quanti*. Or, ces feuilles étant remplies d'attaques journalières contre le gouvernement constitutionnel, ou de panégyriques d'actes qu'il proscrit, n'est-il pas évident qu'on veut, en les donnant seules à lire, faire sucer à la jeunesse des maximes opposées aux institutions qui nous régissent?

CONFÉRENCES DIVERSES.

La lecture des ouvrages de théologie, de politique, d'histoire, ou celle des journaux, peut ne pas produire un effet assez prompt et assez général: les bons germes peuvent avorter dans certains esprits et fleurir trop lentement dans quelques autres. Diverses conférences, destinées à réparer cet inconvénient, sont établies sur la littérature, le droit, l'histoire, etc. Ces objets d'enseignement ne sont qu'un prétexte de revenir aux leçons générales, et que différents moules où l'on jette, sous des formes diverses, les idées prédominantes.

LITTÉRATURE.

La littérature est soumise au contrôle de l'opinion politique ou religieuse. *Boileau*, *Racine*, *Pascal*, *Bossuet*, n'ont fait que des chefs-d'œuvre, si on excepte l'Épître sur l'amour de Dieu et la peinture de la mollesse dans l'un, l'Histoire de Port-Royal dans l'autre, les Provinciales dans le troisième, et les Propositions de 1682 dans le dernier. Les encyclopédistes sont détestables. *Montesquieu* est un athée, car il a vanté la religion naturelle. *Voltaire* n'a rien fait de si mauvais que la Henriade, les deux Brutus et Mahomet. Quelques lueurs de talent brillent par intervalle dans Zaïre et Alzire, mais la religion en est la source. *Rousseau* n'a qu'un style boursouflé. *Buffon* radote dans ses Époques de la nature; on ne voit à la bibliothéque que son Histoire des animaux. *Rousseau* et *Montesquieu* en sont complétement bannis. On n'y trouve de *Voltaire* que ses chefs-d'œuvre dramatiques commentés par le frère *Lepan*. Je ne sais dans quel sens est rédigé ce commentaire, car je ne l'ai jamais lu, ni personne non plus, que je sache; il est placé à côté de deux cents volumes de l'ami *Fréron: Pariterque jacentes*..... — C'est surtout dans la littérature contemporaine que brille l'impartialité. *Fontanes* et *Delille*, bons royalistes, bons poètes. *Chénier*, républicain, talent nul. *Bernardin*, enthousiaste de la Providence seulement, style néologique avec excès. *Châteaubriand*, enthousiaste des missions, style brillant et pur. *Lamartine*, *Soumet*, *Hugo*, *Guiraud*, bien pensants; leur poésie est pleine d'éclat. *Delavigne*, les *Arnault*, *Viennet*, *Jouy*, etc., bons penseurs seulement, ne font que des vers prosaïques, dont le sens saute aux yeux d'abord. Vive M. *Roger*, vive M. *Laya*, pour bien desservir les autels de *Thalie!* Mais MM. *Étienne*, *Andrieux* ne sont pas initiés à son culte. Voilà un échantillon des arrêts de la coterie: c'est à cette école que se sont formés tant d'illustres littérateurs qui feront un jour des ouvrages pleins de génie; la *Société* des *Bonnes Études* en répond.

MÉDECINE.

Dans les Conférences de médecine, on dit bien quelques mots de l'art de guérir, quelques injures à *Cabanis*, et, laissant vite le matériel de la science, on y introduit le spiritualisme. Le corps seul n'est pas malade; l'esprit est souvent affecté. Le médecin peut bien opérer sur le corps, mais il doit engager le sujet à consulter le médecin de l'ame, afin d'obtenir une guérison à la fois physique et morale. On ne dit pas si, en cas de danger, le médecin du corps doit insinuer au malade qu'il faut satisfaire aux derniers devoirs de ce monde pour entrer avec sécurité dans l'autre, et s'assurer, par le don d'une partie des biens périssables d'ici-bas, les biens éternels d'en haut; cela rentre sans doute dans les attributions du médecin de l'ame: on vante du moins le temps où l'on savait mourir, où l'on voyait arriver sa dernière heure sans crainte, parce qu'on avait acheté les prières des justes. O le bon temps! quel plaisir c'était de mourir après avoir fait un legs à l'Église! aujourd'hui on se borne à savoir vivre. *O mores!*

PHILOSOPHIE.

La conférence de philosophie est présidée par l'honorable M. *Laurentie*. Ce n'était pas des bureaux de la police que sortaient les *Platon*, les *Pythagore*, les *Aristote;* mais aussi M. *Laurentie* n'a rien de commun avec ces sages : leur doctrine n'est pas sa doctrine, et la philosophie morale des Anciens est loin d'être à la hauteur des principes de la morale moderne qui pénètre jusque dans les coulisses de l'Opéra. La connaissance d'un Dieu, l'immortalité de l'ame, les notions du juste et de l'injuste, les préceptes qui en sont la conséquence pour la conduite de la vie, devraient être l'unique objet d'enseignement de ce cours: non; les déclamations contre les philosophes le remplissent tout entier.

J'observerai, avant d'aller plus loin, que les discussions sur quelque point que ce soit ne sont libres que de nom. Il n'est pas permis de faire des objections mal sonnantes, parce qu'on y répond par cette interpellation: « C'est « un sophisme, une impiété; parlez-vous sé- « rieusement? » On se hâte de se rétracter pour ne pas montrer des sentiments dignes d'exclusion.

Ainsi, lorsque M. *Laurentie*, pour tirer un argument en faveur de l'existence de Dieu du consentement unanime des nations, cherche dans toute l'antiquité des preuves que les sages admettaient un être suprême et unique. et qu'ensuite il dit que jusqu'à Jésus-Chris les peuples furent tous idolâtres, on ne s hasarde pas à objecter que peut-être le vulgaire adorait alors les dieux inférieurs, comm il adore aujourd'hui les saints, et qu'après tout, la canonisation de *St.-Cucufin* le cède peut-être à l'apothéose de *Marc-Aurèle.* S'il déplore le sort de *Socrate*, martyr de la Divinité, et qu'il ajoute ensuite, qu'on doit toujours observer la religion de l'état, on se garde d'observer que, coupable seulement de mépris envers le culte public, « parmi nous, il est vrai, *Socrate* n'eût point bu la cigue, » mais il aurait eu la tête tranchée et le poignet coupé; et ce sang, jaillissant à grands flots de deux ruisseaux abondants, ne pourrait encore assouvir la soif dévorante des modernes *Anytus* (1). Traite-t-il d'athées les *Fréret*, les *Voltaire*? l'on n'ose lui dire qu'il pille les mémoires pleins d'érudition du premier, et que ses citations, qu'il retourne comme de vieux habits, sont loin de l'énergique concision de ce vers du second :

« Si Dieu n'existait pas, il faudrait l'inventer. »

Enfin cette école, qui devrait l'être de la sagesse, n'est qu'une école de calomnie contre

(1) Voir la brochure de M. de *Lamennais* sur la loi du sacrilège.

les morts et les vivants. On n'y apprend rien que tout cœur bien fait n'ait gravé dans soi, et l'on n'y recueille que des préventions contre des philosophes dont M. *Laurentie*, en se faisant l'honneur de se comparer à eux, ne devrait prononcer le nom qu'avec le plus profond respect.

HISTOIRE.

L'histoire du passé fut toujours plus ou moins pliée aux passions du présent. Jamais cet abus ne fut plus intolérable que dans cette école qui reconnaît M. *Lacretelle* pour son chef. Les annales de la Grèce et de Rome payenne ne se prêtant pas aux exigeances de la Congrégation, on ne remonte guère au-delà du siècle de *Constantin* ou de *Julien*. A partir de là, les dissensions intestines qui ont fait verser des flots de sang depuis les querelles d'*Arius* et d'*Athanase*, jusqu'à celles du siècle de *Luther* et de *Léon X*, à peine sont remarquées. Les usurpations des papes, depuis qu'ils ont envahi le môle d'*Adrien* jusqu'au temps où ils ont vendu à d'infâmes enchères les trônes au plus offrant, sont justifiées et même approuvées; car Jésus-Christ a dit : « Mon royaume n'est pas de ce monde : » donc le pape est le roi de l'univers entier. Quand on se renferme dans la France, la rapacité du clergé, qui, avant la révolution, trois fois dépouillé, avait trois fois englouti les biens de l'état, et cherche encore à ressaisir sa proie; ce pouvoir absolu des rois qui ne consultaient que leurs caprices pour faire des lois; ces priviléges qui rendaient les honneurs accessibles aux seules familles nobles; enfin tous ces abus qu'on n'a pu étouffer que dans le sang de tant de victimes, et qui, d'autant plus odieux que leur destruction a coûté plus cher, ne sauraient revivre qu'au prix de calamités plus grandes encore peut-être, sont revêtus de noms honorables et loués avec exagération. Leur perte est déplorée avec amertume. On compare les misères contemporaines aux prospérités passées; on trouve la cause de l'affaiblissement du corps social dans l'extinction de ces institutions féodales qu'on rappelle avec zèle, et après le retour desquelles on voudrait faire soupirer ces jeunes cœurs.

DROIT.

Quelque prédominantes que soient les

maximes générales de la *Société* dans les conférences dont j'ai parlé jusqu'ici, dans aucune elles ne sont professées aussi ouvertement que dans celle de droit. Comme les questions naissent sans effort de la nature du sujet, elles sont traitées avec plus de développement. Là, point de voile, point de déguisement; l'esprit de secte s'y montre à découvert et marche le front levé. MM. *Berryer fils* et *Hennequin* occupent tour-à-tour le fauteuil. Comme les élèves reçoivent de leurs professeurs des leçons sur le droit civil, on ne traite les questions de ce genre que dans les points défectueux qui rentrent dans les projets de réforme. Mais la chaire de droit politique étant supprimée, on cultive plus volontiers cette branche. Voici, entre autres exemples des principes sur lesquels on se fonde, la manière dont on a discuté l'origine du pouvoir des rois, ainsi que la décision qu'on a portée. La puissance souveraine vient de Dieu ou des hommes. Elle ne vient pas des hommes; car une nation constituée en corps d'état peut seule déférer l'autorité suprême : or elle ne forme un état que lorsqu'elle a déjà des chefs et des lois : alors, d'après le principe de la légitimité, elle n'a plus le droit de se donner de nouveaux maîtres. Toute puissance vient donc de Dieu; c'est donc à Dieu seul que les rois sont comptables des actes de leur gouvernement. Or, ne pouvant en référer immédiatement à lui, il s'ensuit qu'ils ne doivent choisir pour guides que ceux qui le représentent sur la terre, et qu'un état où ils en réfèrent au peuple (la France, par exemple,) ne s'appuie pas sur sa base naturelle. Il s'ensuit encore que si les gouvernés ont empiété sur l'autorité de leurs maîtres, et si ceux-ci, pour rentrer dans leur pouvoir, sont forcés de faire quelques concessions (la Charte, par exemple), ils ne sont pas obligés de garder leurs promesses, parce que leurs sujets n'ont pas le droit d'en exiger l'accomplissement. En tous cas, si un roi s'est obligé pour lui-même, il n'a pu aliéner l'indépendance de ses successeurs (Charte, art. 74). Les prétentions que montre la Congrégation ne sont pas établies sur d'autres principes.

Il faut que les ministres communiquent d'avance leurs projets de loi aux chefs de la ligue, ou que la ligue impose les siens aux ministres; car les lois du sacrilége, de l'indemnité, du droit d'aînesse, ont été proposées et discutées dans la *Société* un an avant d'être présentées aux Chambres. La loi du sacrilége a été traitée tout-à-fait à la *Bonald*, et l'on a décidé que les coupables seraient renvoyés devant leur *juge naturel*. On mêla aux débats de grandes doléances sur l'organisation actuelle des tribunaux. « Il est des délits, tels que le sacrilége, qui offensent directement le ciel; ne sont-ce pas les ministres du ciel qui doivent en être les juges? N'est-il pas urgent, pour ce cas comme pour bien d'autres, de rétablir les juridictions ecclésiastiques? — L'indemnité des émigrés n'a pas été restreinte : elle doit être une réintégration dans les propriétés et la restitution des fruits, depuis trente ans; car le principe admis et la spoliation manifeste, la conséquence est de rigueur, et tous les nouveaux acquéreurs doivent déguerpir. On n'a pas dû non plus mettre de différence entre les biens volés; ou plutôt on aurait dû en mettre en faveur des biens les plus sacrés, qui sont sans contredit ceux du clergé : espérons donc que les lévites seront appelés au *splendide festin*.

La loi du droit d'aînesse et des substitutions a eu son tour : elle était nécessaire, selon M. *Peyronnet*, pour maintenir un certain nombre d'électeurs : cette gasconnade était bonne pour la chambre des députés. On a franchement abordé la question, sous la présidence de M. *Berryer*. La loi est nécessaire pour faire des familles puissantes, indispensables au soutien du trône. En effet, le droit d'aînesse a été introduit sous le gouvernement féodal; donc il doit être rétabli sous le gouvernement constitutionnel. Le roi est d'autant plus puissant qu'il a plus d'autorité et ses sujets moins; donc il faut augmenter le pouvoir des familles privilégiées. — Les arguments qu'on emploie en faveur de la translation au clergé des actes de l'état civil sont de la même force. En effet, ces actes règlent les droits civils; donc ils doivent être rédigés par l'autorité ecclésiastique. Ils intéressent des citoyens de toutes sortes de religions; donc les prêtres catholiques doivent seuls en être chargés. Le besoin est urgent : on peut donc présumer qu'une loi sur ce sujet sera présentée à la session prochaine, aussi bien que sur l'instruction religieuse dont la question s'agitait dernièrement.

Voilà donc les leçons qu'on donne à la jeunesse sous une charte constitutionnelle qui reconnaît l'intervention des gouvernés, garantit l'inviolabilité des propriétés nationales, et admet la liberté des cultes! Et comme si ces principes n'étaient pas assez perfides en eux-mêmes, on met de la perfidie dans la manière de les professer; il y a, pour chaque question, un demandeur chargé de présenter le projet nouveau et d'attaquer la loi existante; on choisit un beau parleur qui sache noyer de mauvaises raisons dans un fatras de belles paroles; au contraire, pour défendeur, pour celui qui est chargé de repousser la loi nouvelle et de défendre l'ancienne, on élit quelqu'imbécille raisonneur. Aussi la loi inconstitutionnelle détrône toujours la loi actuelle, et l'on console le vaincu par cette idée qu'il soutenait une mauvaise cause. Je souhaite que cette même idée console M. *Peyronnet* de la double défaite qu'il a éprouvée dans la chambre haute.

RELIGION.

La Société a mis de la religion partout: voyons si elle en a mis dans le temple. Chaque affilié doit entendre, les dimanches et les fêtes, la messe dans sa paroisse; mais on est engagé, pour assister aux vêpres, à se réunir dans l'église souterraine de *Sainte-Geneviève*. On prélève une taxe de dix centimes pour le prix des chaises. On croira peut-être qu'on s'assemble pour élever son ame à Dieu, chanter ses louanges avec l'accent d'un cœur pénétré, et recevoir de ses ministres des leçons de charité chrétienne; mais non; tout est matériel dans le culte : à la lueur des flambeaux se mêlent les parfums de l'encens qui remplissent l'étroite enceinte du sanctuaire, et les sons mélodieux d'un orgue caché derrière l'autel qui soupire par intervalle. On se hâte de psalmodier les vêpres à haute et courante voix. Bientôt les élèves de M. *Choron* font entendre leurs voix harmonieuses et chantent des cantiques sur des airs d'opéra-comiques. C'est là que le fameux air du chœur des chasseurs de Robin des Bois a été introduit pour la première fois sur ces paroles : « Chrétien diligent, etc. » Ainsi, les cérémonies de notre sainte religion ne sont plus qu'une parodie des pompes profanes du théâtre! L'esprit, distrait par des émotions si peu religieuses, a peine à se recueillir pour recevoir la sainte bénédiction qui termine les vêpres, et ne peut s'élever à Dieu, arrêté qu'il est par le bruit de la terre. Voilà le culte.

Voici la morale. Les orateurs habituels sont : M. l'abbé Martin de Noirlieu, aumônier de l'école Polytechnique, M. *Salinis*, aumônier du collége d'*Henri IV*, et l'abbé *Fayet*, missionnaire: de même que dans les conférences profanes on a fait intervenir la religion, dans les instructions religieuses on a ramené la politique. On prêche que les trônes de la terre doivent s'appuyer dans le ciel; que les rois ont besoin d'un chef sacré, d'un modérateur qui calme leurs passions et soit leur arbitre dans leurs sanglantes querelles; et ensuite, au lieu d'insinuer les préceptes de morale, on dénigre le siècle présent, on crie à l'impiété. Il est vrai que la foule des fidèles remplit les temples, et que les mœurs n'ont jamais été plus épurées; mais si l'on aimait Dieu véritablement, on ne se contenterait pas de suivre ses lois, on obéirait encore à celles de ses ministres. Le culte est protégé par des lois draconiennes; n'importe, un jour, un prédicateur s'écria : « Mon Dieu! jette un regard favorable sur ton église! les temps de *Dioclétien* sont revenus; et, comme les fidèles réunis dans les catacombes de Rome, tes jeunes serviteurs sont forcés, pour se dérober à l'œil persécuteur de l'impiété, de t'apporter leurs hommages dans cette église souterraine!» Quelle fleur de rhétorique!

INFLUENCE EXTÉRIEURE.

Par tout ce que j'ai dit jusqu'ici, on a pu se former une idée du régime intérieur de *la Société des bonnes études*, et apprécier la prétendue éducation religieuse et monarchique qu'elle donne à la jeunesse. Mais non contente d'inculquer aux adeptes placés sous sa main des principes pernicieux, elle sait encore étendre son pouvoir sur eux, lorsqu'ils ne sont plus sous sa surveillance immédiate, et qu'ils ont parcouru le cours de leurs études. Elle les asservit par des bienfaits; elle réalise à leur égard les promesses de fortune qu'elle leur a faites, pour qu'ils remplissent leurs engagements de soumission et de dépendance; et, attachés à elle par une des plus nobles vertus des bons cœurs, la reconnaissance, ils restent esclaves pour ne pas devenir ingrats. Ceux à qui leur naissance permet de suivre la carrière diplomatique sont pourvus de places dans les affaires étrangères et dans les secrétariats des ambassades. Ceux qui aspirent aux honneurs lucratifs des administrations sont pourvus d'un des cinquante mille bureaux qui surchargent le sol de la France. Les places de médecin interne, dans les hôpitaux de Paris ou de province, dans les armées, les administrations, etc., celles de juges suppléants, de juges de paix, de substituts des procureurs généraux et procureurs du roi, deviennent le partage de ceux qui ont pris leur licence de droit ou leur bonnet de médecin dans la rue des Fossés-St.-Jacques. Si quelqu'un aspire au professorat, il obtient une chaire sans courir les chances d'un concours. S'en trouve-t-il dont le style soit acerbe, qui soient imposteurs et effrontés ? on reçoit leurs diatribes dans les journaux du parti. Si d'autres courent après les honneurs du théâtre, ou veulent exploiter quelqu'autre branche de l'industrie littéraire, une compagnie d'assurance leur garantit le succès, et répond, ou d'applaudissements pour leurs drames, ou de débit pour leurs opuscules. Ceci peut expliquer comment certains imberbes ont obtenu des missions diplomatiques (1), ou des direc-

(1) Un fils de M. *Marcellus*.

tions (1); certains professeurs de droit (2) ou de médecine, leur chaire; certains auteurs (3) des succès. Au reste, ces bienfaits sont à titre onéreux, et il faut en échange propager les maximes de la Congrégation, et montrer au moindre appel une soumission pleine et entière.

CONCLUSION.

Je finis. Dans ce procès si important, pendant à la Cour Royale, j'ai joint un incident au principal. Si mon faible essai demeure à une distance incommensurable de l'éloquent réquisitoire de M. de *Montlosier*, s'il n'en retrace ni la mâle énergie ni la hauteur de vues, il peut du moins en rappeler la religieuse véracité. Puisse-t-il, à ce dernier titre, être accueilli avec quelque faveur ! ou plutôt qu'il soit de quelque utilité !

(1) Un neveu de M. *Martignac*.

(2) M. de *Portets*, à la faculté de droit de Paris.

(3) Tous les illustres dont la renommée s'étend des Invalides aux Quatre-Nations.

www.ingramcontent.com/pod-product-compliance
Ingram Content Group UK Ltd.
Pitfield, Milton Keynes, MK11 3LW, UK
UKHW020949220726
13924UKWH00002B/576